반짝이는 나의 도시

페이퍼 팝업 아트
반짝이는 나의 도시

1판1쇄 펴냄 2021년 4월 5일
1판2쇄 펴냄 2022년 11월 14일

지은이 장쥬리
사진 15studio 이현실

펴낸이 김경태 | **편집** 홍경화 성준근 남슬기 한홍비
디자인 박정영 김재현 | **마케팅** 전민영 유진선 | **경영관리** 곽근호
펴낸곳 (주)출판사 클
출판등록 2012년 1월 5일 제311-2012-02호
주소 03385 서울시 은평구 연서로26길 25-6
전화 070-4176-4680 | 팩스 02-354-4680 | 이메일 bookkl@bookkl.com

ISBN 979-11-90555-50-0 13650

이 책은 저작권법에 의해 보호를 받는 저작물이므로 무단 전재 및 무단 복제를 금합니다.
잘못된 책은 바꾸어드립니다.

페이퍼 팝업 아트

반짝이는 나의 도시

장쥬리 지음

여는 글

종이 한 장으로 나만의 세상을 만들 수 있다고 상상해본 적 있나요?
페이퍼 팝업 아트 북인 《반짝이는 나의 도시》는 흔히 쓰는 종이 한 장으로
특별한 작품을 완성하는 즐거움을 나누고 싶어서 시작한 책입니다.
특히 이 책에는 저의 상상을 더해 제가 사랑하는 곳들을 담았어요.
페이퍼 팝업 아트의 매력은 평면이었던 한 장의 그림을
자르고 접는 것만으로도 입체적으로 완성할 수 있다는 것에 있죠.
처음에는 복잡하고 어려워 보일 수 있지만,
머릿속으로 작품의 구도를 그리면서 규칙에 따라 집중하다보면,
어느새 아름다운 도시가 솟아오르는 신기한 경험을 할 거예요.
지금은 처음 페이퍼 팝업 아트를 만나는 시간이니
오랫동안 사랑할 공간을 만든다는 마음으로 천천히 완성해보세요.
그럼 이제 심호흡과 함께 종이 속 세상으로 들어가볼까요?

장쥬리

차례

여는 글 · 5

이 책의 활용법 · 8

페이퍼 팝업 아트의 기본 · 10

준비물 소개 · 13

세로 팝업 아트 완성하는 법 · 14

가로 팝업 아트 완성하는 법 · 20

분수대가 있는 성
41

약속의 다리
43

베를린 풍경
45

겨울의 마을
47

음악이 흐르는 홀
49

숲 속 호텔
51

잠든 광장
53

산토리니의 별
55

해가 진 성당	크리스마스의 도시	어느 유럽 마을	종탑의 성
57	59	61	63

유리 식물원	눈 내리는 성	파리의 하늘	뉴욕의 밤
65	67	69	71

이 책의 활용법

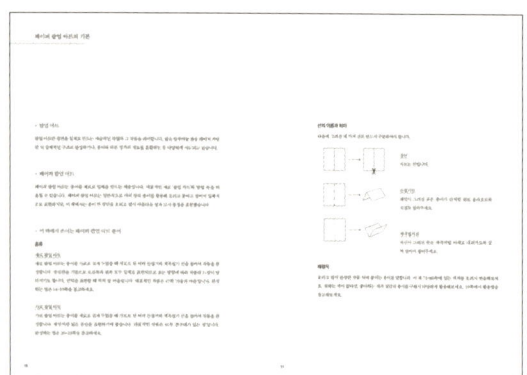

페이퍼 팝업 아트에 관한 기초적인 이해를 돕습니다. 본격적으로 도전하기 전 10~11쪽을 펼쳐 '선의 이름과 의미'를 꼭 확인하세요.

12~13쪽에서는 페이퍼 팝업 아트에 필요한 준비물과 준비물의 사용법을 설명합니다. 칼과 매트, 송곳이나 전사펜은 꼭 필요합니다.

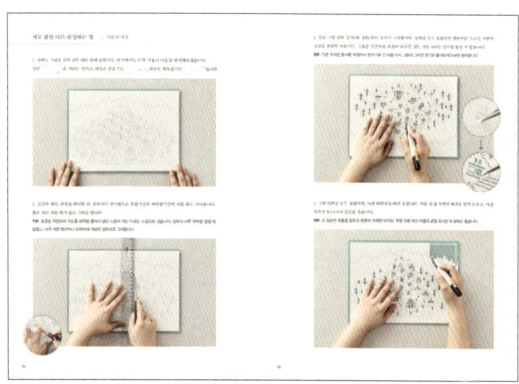

작품을 완성하는 노하우를 세로 팝업 아트와 가로 팝업 아트로 나누고 대표작을 골라 꼼꼼하고 친절하게 담았습니다. 세로 팝업 아트를 완성하는 법은 14~19쪽에, 가로 팝업 아트를 완성하는 법은 20~23쪽에 있으니 참고하세요.

24~39쪽에서는 완성된 작품을 볼 수 있습니다. 또 작품별로 팁이 쓰여 있으니 참고하세요.

도톰하고 은은한 펄감이 있는 고급 종이 위에 16개 도안이 담겨 있습니다. 41~71쪽의 그림을 바로 오려서 완성해보세요.

73~80쪽에 있는 배경지입니다. 작품을 완성한 뒤 안전하게 보관하고 싶거나, 선물로 줄 때 작품 뒷면에 붙여서 활용하는 연습을 해볼 수 있습니다.

페이퍼 팝업 아트의 기본

• 팝업 아트

팝업 아드란 평면을 입체로 만드는 예술적인 작업과 그 작품을 의미합니다. 얇은 알루미늄 판을 레이저 커팅한 뒤 입체적인 구조로 완성하거나, 종이와 다른 성격의 재료를 혼합하는 등 다양하게 시도되고 있습니다.

• 페이퍼 팝업 아트

페이퍼 팝업 아트는 종이를 재료로 입체를 만드는 예술입니다. 대표적인 예로 '팝업 카드'와 '팝업 북'을 떠올릴 수 있습니다. 페이퍼 팝업 아트는 일반적으로 여러 장의 종이를 활용해 오리고 붙이고 접어서 입체적으로 표현하지만, 이 책에서는 종이 한 장만을 오리고 접어 아름다운 성과 도시 풍경을 표현했습니다.

• 이 책에서 쓰이는 페이퍼 팝업 아트 용어

종류

세로 팝업 아트

세로 팝업 아트는 종이를 가로로 길게 두고, 세로로 된 여러 산접기선과 계곡접기선을 접어서 작품을 완성합니다. 중심선을 기준으로 오른쪽과 왼쪽 모두 입체로 표현되므로 보는 방향에 따라 작품의 느낌이 달라지기도 합니다. 언덕을 표현할 때 특히 잘 어울립니다. 대표적인 작품은 47쪽 '겨울의 마을'입니다. 완성하는 법은 14~19쪽을 참고하세요.

가로 팝업 아트

가로 팝업 아트는 종이를 세로로 길게 두고, 가로로 된 여러 산접기선과 계곡접기선을 접어서 작품을 완성합니다. 광장처럼 넓은 공간을 표현하기에 좋습니다. 대표적인 작품은 41쪽 '분수대가 있는 성'입니다. 완성하는 법은 20~23쪽을 참고하세요.

선의 이름과 의미

다음에 그려진 세 가지 선은 반드시 구분하여야 합니다.

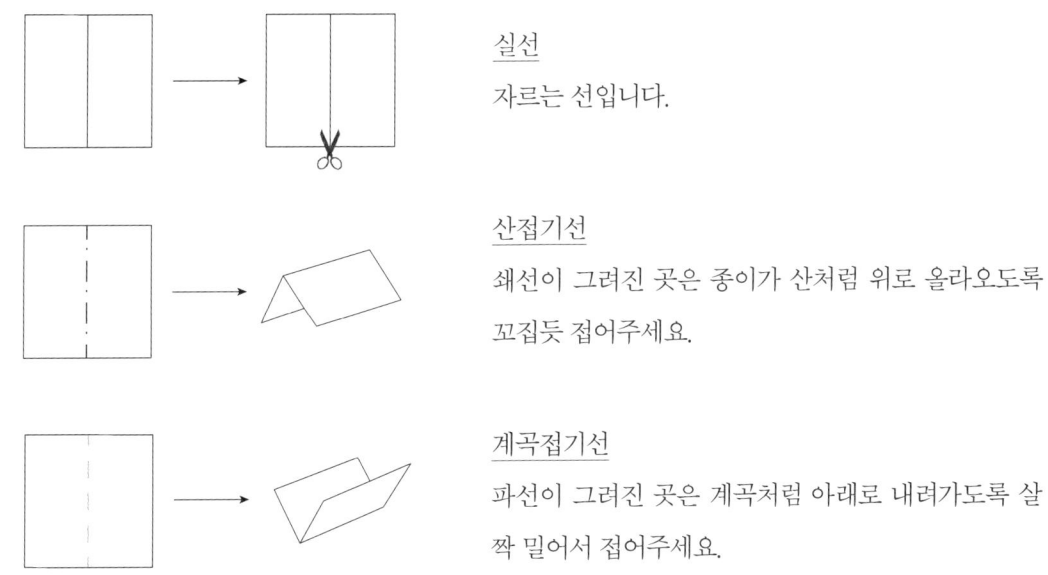

실선
자르는 선입니다.

산접기선
쇄선이 그려진 곳은 종이가 산처럼 위로 올라오도록 꼬집듯 접어주세요.

계곡접기선
파선이 그려진 곳은 계곡처럼 아래로 내려가도록 살짝 밀어서 접어주세요.

배경지

오리고 접어 완성한 작품 뒤에 붙이는 종이를 말합니다. 이 책 73~80쪽에 있는 색지를 오려서 연습해보세요. 원하는 색이 없다면, 좋아하는 색과 질감의 종이를 구해서 다양하게 활용해보세요. 19쪽에서 활용법을 참고해보세요.

준비물 소개

고무 매트
매트가 너무 딱딱하면 종이와 칼이 미끄러질 수 있고, 너무 무르면 칼이 깊게 들어가 섬세하게 자르기 어렵습니다. 적당히 단단하면서도 부드러운 고무 매트를 추천합니다.

칼
긴 선과 짧은 선, 직선과 곡선을 오가며 자르기 때문에 일반 문구용 칼보다 날이 날렵한 아트나이프나 선이 잘 보이는 30도 칼날을 장착한 것이 좋습니다.

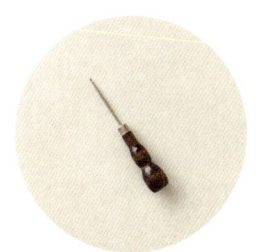

송곳이나 전사펜
자르거나 접기 전에 점선을 따라 그어주면, 완성하는 데 큰 도움이 됩니다. 송곳은 힘을 세게 주면 종이가 찢어질 수 있지만, 전사펜에 비해 힘을 덜 줘도 되는 장점이 있습니다. 송곳과 전사펜 중 더 편한 도구를 선택하세요.

투명 자
자는 송곳이나 전사펜으로 점선을 그을 때, 칼로 긴 선을 자를 때 씁니다. 선이 안 보이면 잘못 자를 수 있고, 옮겨가면서 선을 그어야 하므로 평평한 투명 자를 추천합니다.

일자형 핀셋
그림에 그려진 작은 면적은 칼로 자른 뒤 핀셋으로 떼어내면 편합니다. 칼질에 자신 있다면 생략해도 됩니다.

양면테이프
작품을 배경지에 붙일 때 씁니다. 종이에 기름이 덜 묻는 수광 양면테이프가 좋습니다. 배경지를 붙일 생각이 없다면 반드시 필요한 준비물은 아닙니다.

세로 팝업 아트 완성하는 법   _ 겨울의 마을

1. 원하는 그림을 골라 고무 매트 위에 올립니다. 여기에서는 47쪽 '겨울의 마을'을 완성해보겠습니다.
실선 ▯ → ▯ 은 자르는 선이고, 쇄선은 산접기선 ▯ → ◇ , 파선은 계곡접기선 ▯ → ◇ 입니다.

2. 실선과 쇄선, 파선을 확인한 뒤, 송곳이나 전사펜으로 산접기선과 계곡접기선에 자를 대고 그어줍니다. 짧은 선은 자를 대지 않고 그어도 됩니다.

TIP. 송곳은 지면과의 각도를 최대한 줄여서 긁는 느낌이 아닌 누르는 느낌으로 긋습니다. 압력이 너무 약하면 접을 때 힘들고, 너무 세면 찢어지니 유의하여 적당한 압력으로 그어줍니다.

3. 칼로 그림 안쪽 실선(예: 창문)부터 오리기 시작합니다. 안쪽을 모두 오렸다면 계단처럼 그려진 지붕의 실선을 천천히 자릅니다. 그림을 사진처럼 뒤집어 자르면, 접는 선을 자르는 실수를 줄일 수 있습니다.
TIP. 자른 조각은 종이를 뒤집어서 핀셋으로 민 다음 다시 그림이 그려진 면으로 돌아와 떼어내면 편리합니다.

4. 이제 외곽선을 따라 오립니다. 마을 뒤 숲 모양의 배경을 먼저 오리고, 마을 외곽선 등 나머지 실선을 자릅니다.
TIP. 긴 실선은 호흡을 멈추고 천천히 자르면 되지만, 투명 자를 대고 처음과 끝을 표시한 뒤 잘라도 좋습니다.

5. 종이 바깥쪽에서 안쪽으로, 선의 모양에 따라 산접기와 계곡접기를 시작합니다. 긴 선을 먼저 접고, 짧은 선은 다음에 접으면 좀더 수월합니다.

TIP. 쇄선인 산접기선은 선이 인쇄된 면에서 꼬집듯 접고, 파선인 계곡접기선은 종이 뒷면을 한 손으로 살짝 받치고, 다른 손으로 밀어서 접으면 됩니다.

6. 계단이나 지붕 모양의 짧은 점선은 긴 선을 먼저 접고 모양대로 힘을 주면 자연스럽게 접힙니다.

7. 이제 사진처럼 중심선 위쪽부터 아래로 내려오면서, 또 양쪽 끝에서 안쪽으로 들어오면서 건물별로 접습니다.

8. 모두 제대로 접었다면 천천히 힘을 주어 도안 전체를 반으로 접어줍니다. 바르게 접었다면 선이 인쇄된 면이 바깥쪽이 됩니다.

9. 완성된 작품을 90도쯤 펼칩니다. 나무 모양 그림을 접었다가 다시 펼쳐서 입체감을 더합니다. 펼친 면에는 인쇄된 선이 보이지 않아야 합니다.

10. 작품의 중심선에 맞춰 배경지를 접습니다. 배경지는 73~80쪽에 있는 것을 이용해도 됩니다.
TIP. 완성된 작품을 배경지 위에 올리고 자와 송곳으로 위치를 표시한 뒤 접으면 쉽게 접힙니다.

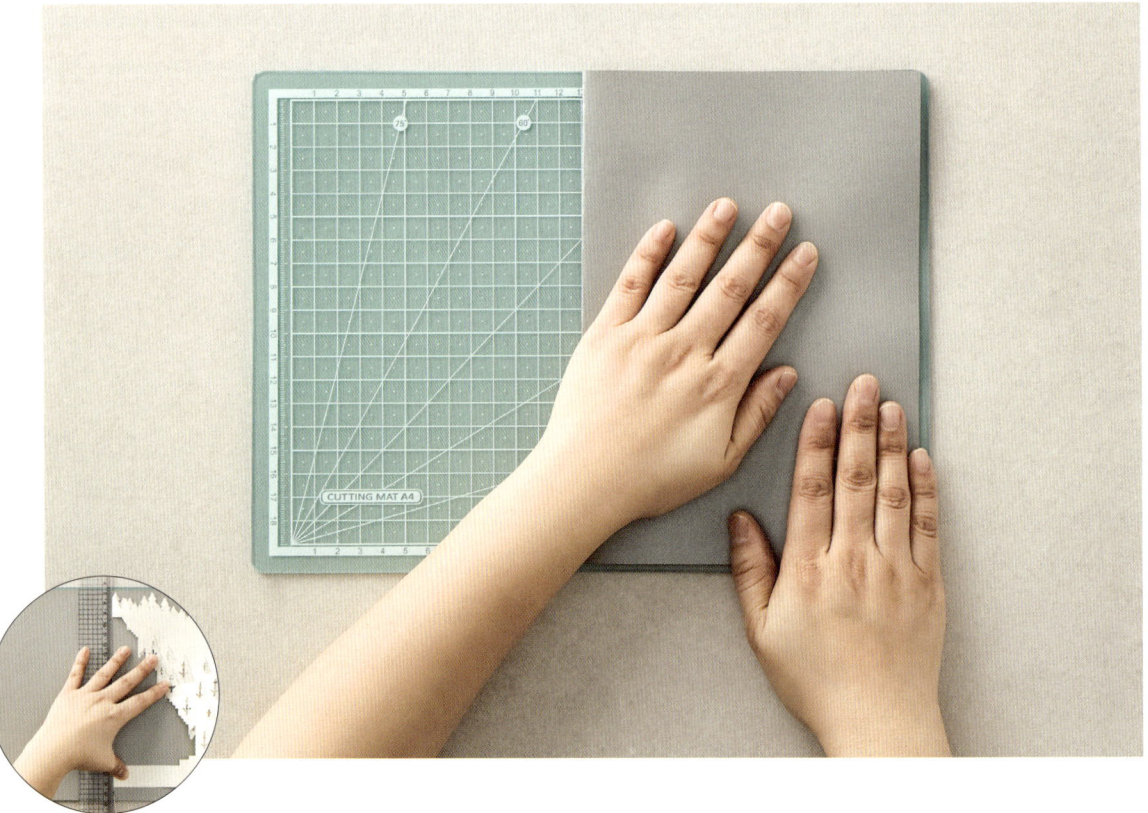

11. 바닥과 닿는 작품의 하단을 먼저 배경지에 고정하고, 반으로 접으면서 나머지 부분도 고정합니다.

TIP. 고정용 양면테이프는 그림이 그려진 면 외곽을 따라 조금씩 붙이면 됩니다.

12. 배경지를 붙이고 난 후 세게 활짝 펼치면 찢어질 수 있으니 주의하며 천천히 열어 완성합니다.

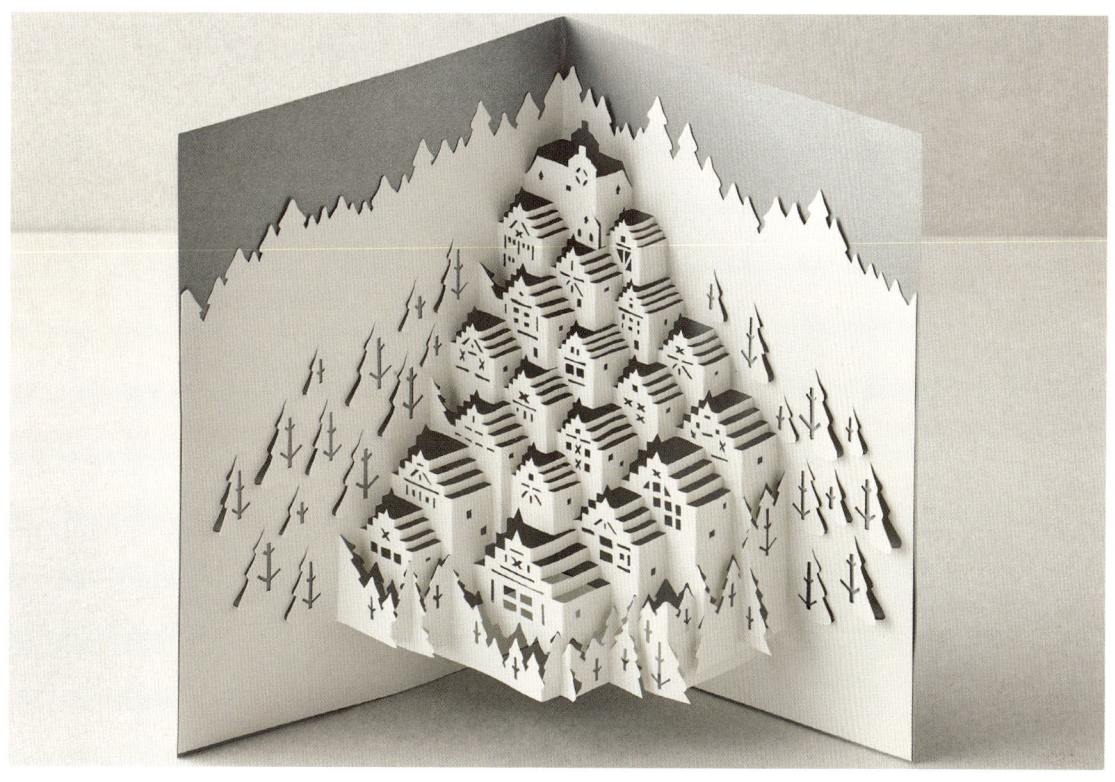

가로 팝업 아트 완성하는 법 — 분수대가 있는 성

1. 원하는 그림을 골라 고무 매트 위에 올립니다. 여기에서는 41쪽 '분수대가 있는 성'을 완성해보겠습니다. 실선 ▯→▯은 자르는 선이고, 쇄선은 산접기 ▯→◿, 파선은 계곡접기 ▯→◹를 의미합니다.

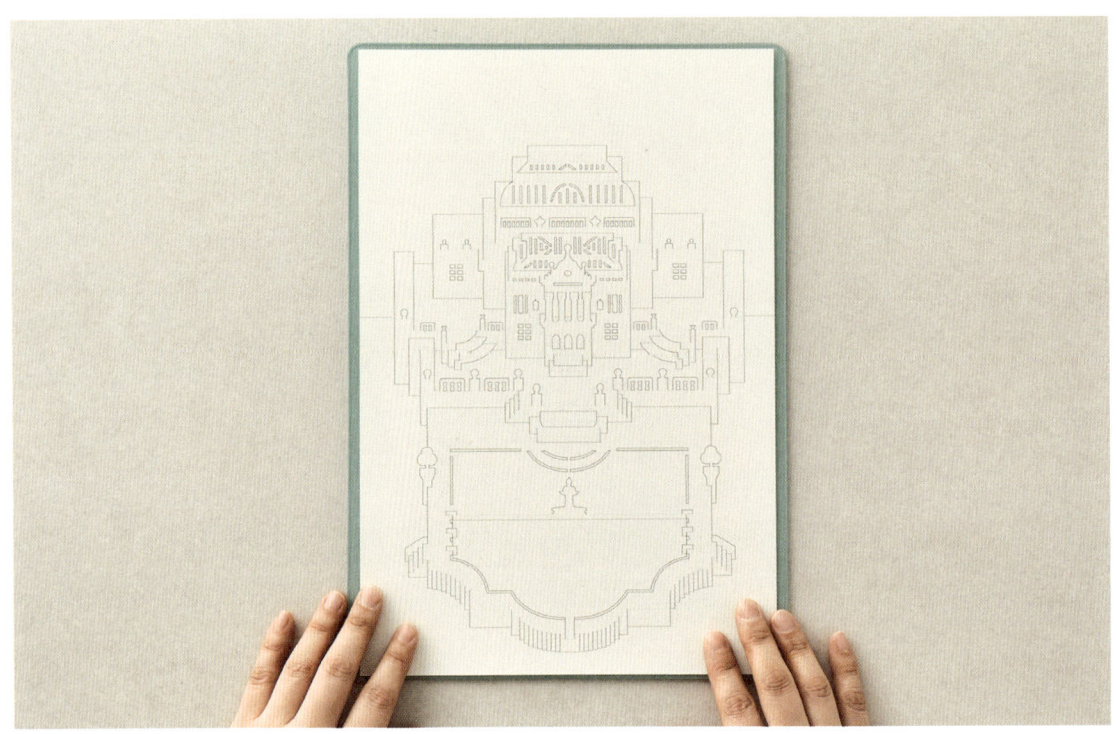

2. 실선과 쇄선, 파선을 확인한 뒤, 송곳이나 전사펜으로 산접기선과 계곡접기선에 자를 대고 그어줍니다. 짧은 선은 자를 대지 않고 그어도 됩니다.

3. 칼로 그림 안쪽 실선(예: 창문)부터 오리기 시작합니다. 작은 조각이 잘 잘리지 않았다면 핀셋을 이용해 제거합니다. 핀셋 이용법은 15쪽 과정3 팁을 참고하세요.

4. 그림 안쪽을 모두 잘랐다면, 이제 남은 실선을 따라 오립니다. 긴 실선은 호흡을 멈추고 천천히 자르면 되지만, 투명 자를 대고 처음과 끝을 표시한 뒤 잘라도 좋습니다.

5. 선의 모양에 따라 산접기와 계곡접기를 시작합니다. 긴 선을 먼저 접고, 분수대 앞에 있는 원통 형태의 단은 사진처럼 종이를 뒤집어 뒤에서 앞으로 밀듯 접어주면 잘 만들 수 있습니다.

TIP. 쇄선인 산접기선은 선이 인쇄된 면에서 꼬집듯 접고, 파선인 계곡접기선은 종이 뒷면을 한 손으로 살짝 받치고, 다른 손으로 밀어서 접으면 됩니다.

6. 얇고 섬세한 기둥은 핀셋을 이용해 접으면 편리합니다. 특히 건물 중앙에 있는 기둥은 종이를 뒤집어 핀셋으로 살짝 밀어둡니다.

7. 모두 제대로 접었다면 천천히 힘을 주어 반으로 접습니다. 바르게 접었다면 선이 인쇄된 면이 바깥쪽이 됩니다.

Tip. 과정6에서 밀어둔 기둥은 핀셋으로 살짝 당겨 접어줍니다.

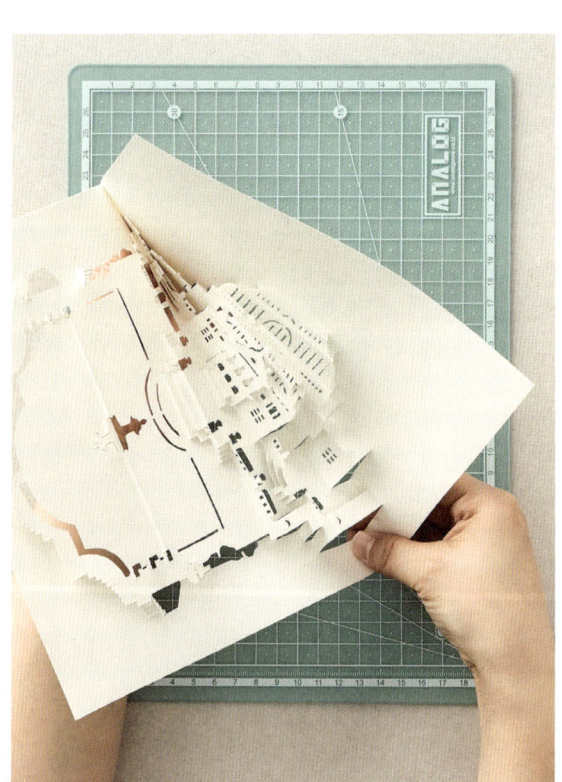

8. 완성된 작품 뒷부분에 배경지를 덧대도 되지만, 사진처럼 세워두거나 조명을 비추어 나만의 무드등처럼 즐겨보는 것도 좋습니다.

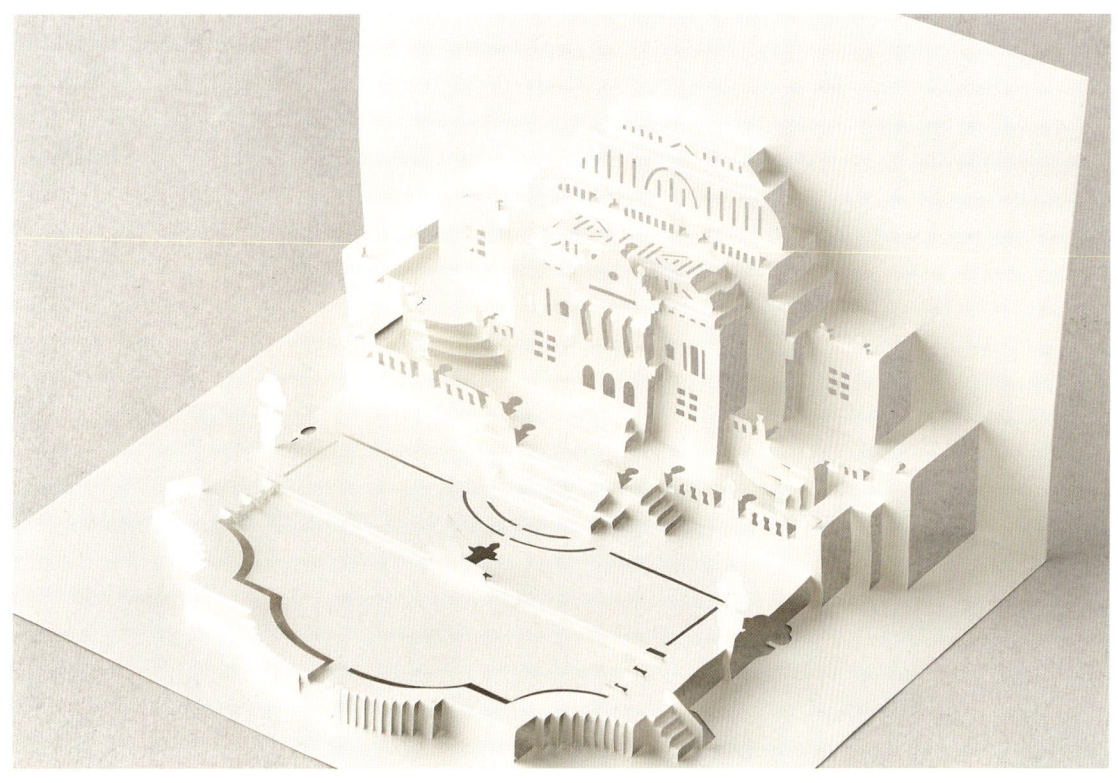

71쪽 뉴욕의 밤
오리고 접을 때 원칙은 단 하나!
단순한 선을 먼저, 복잡한 선은 나중에.

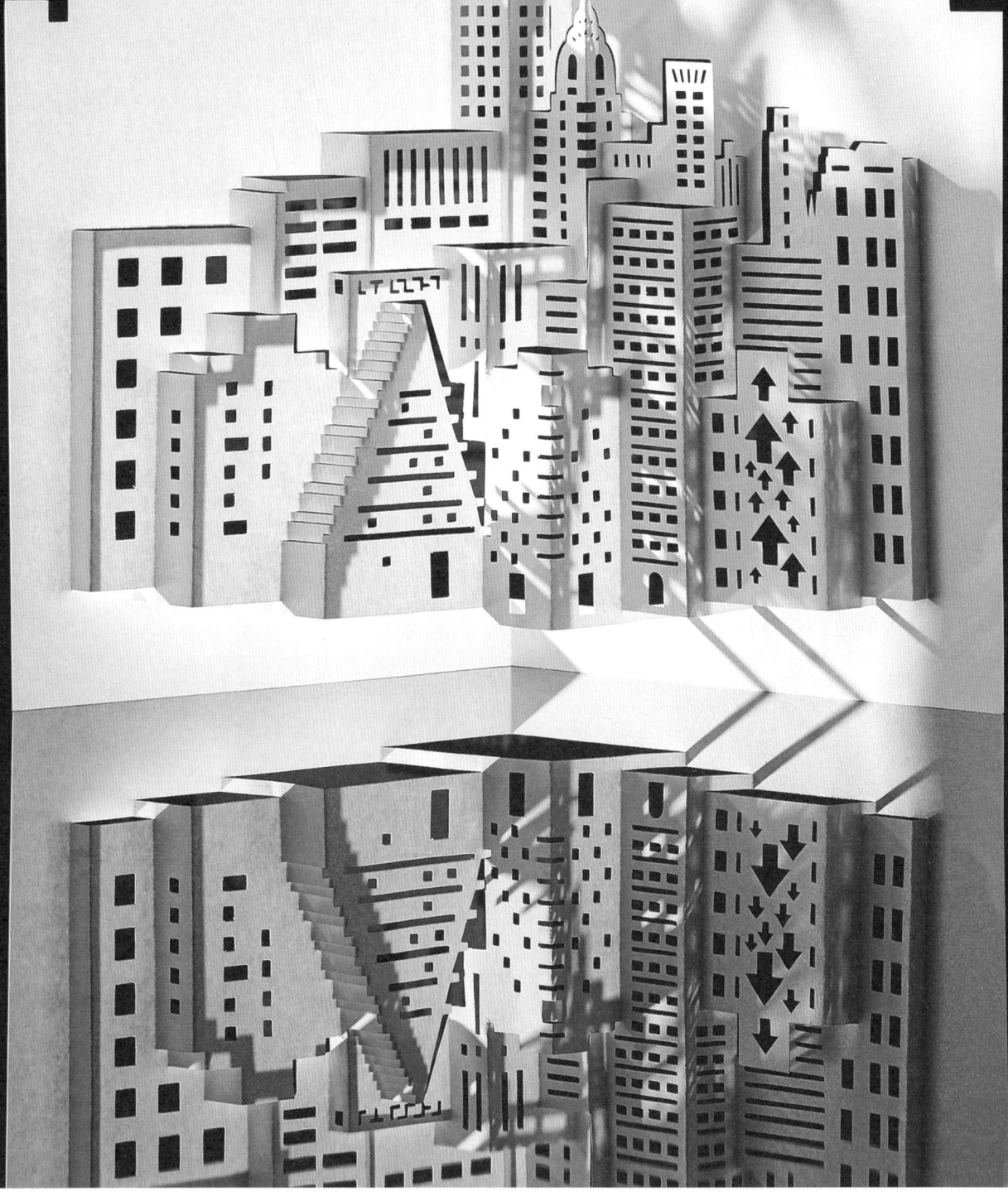

49쪽 음악이 흐르는 홀
둥근 지붕은 종이를 뒤집어서
뒤에서 앞으로 밀듯 접으면 됩니다.
22쪽 과정5를 참고하여 위에서 시작해서
아래로 한 칸씩 내려오면서 접어보세요.

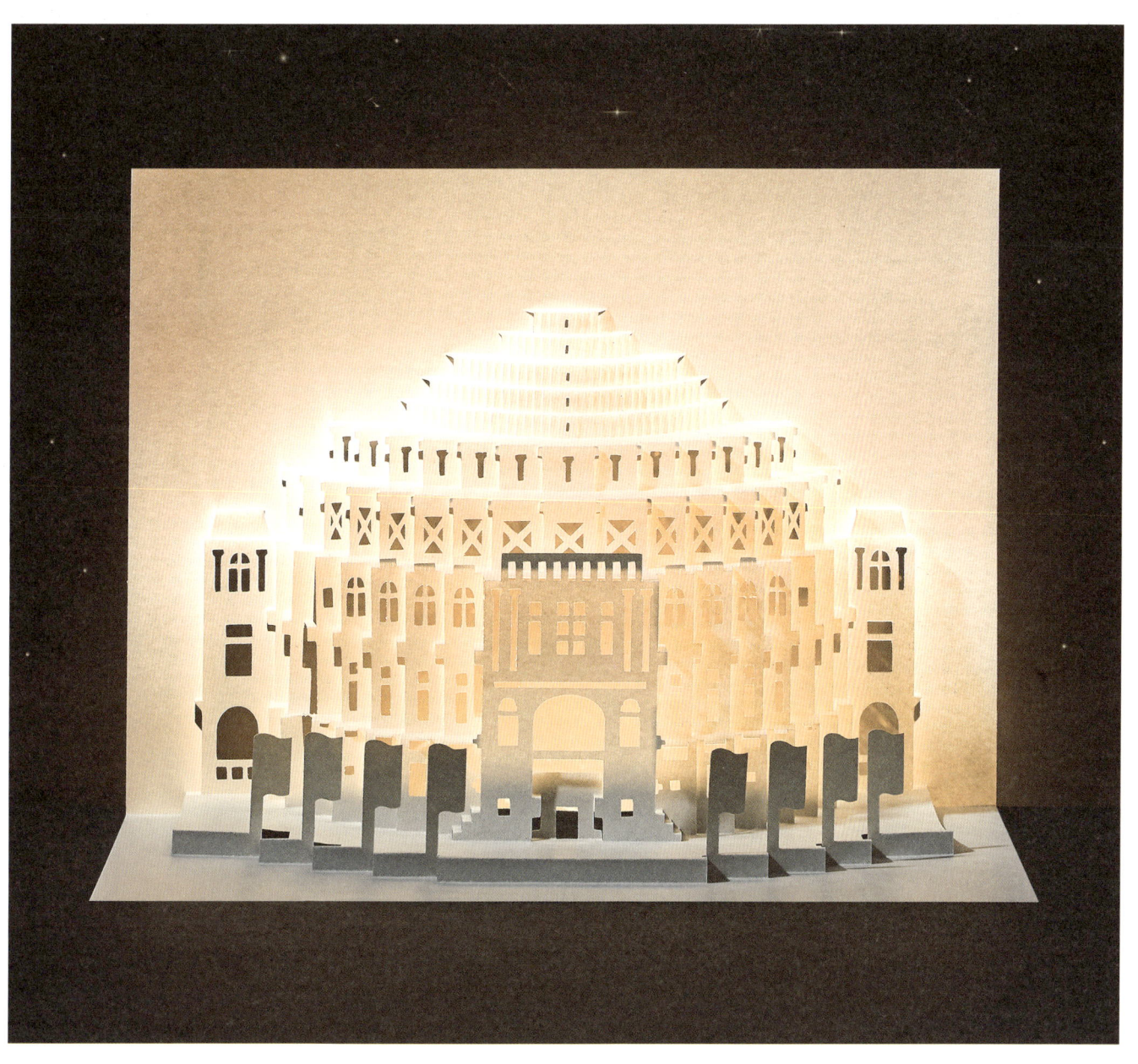

43쪽 약속의 다리
가로등은 마지막에 잘라주세요.
변화를 주고 싶다면, 다리 아래로 흐르는
강의 물결을 저와 다르게 표현해보세요.

67쪽 눈 내리는 성
복잡해 보이겠지만, 긴 선들만 먼저 접어도
자연스럽게 접힌답니다.

59쪽 크리스마스의 도시
메시지를 적어
크리스마스카드로 활용해보세요.

45쪽 베를린 풍경
이 책에서 가장 쉬운 팝업이에요.
가장 먼저 해보는 걸 추천합니다.
가운데 우뚝 선 탑은 마지막에 오려야 안전해요.

67쪽 눈 내리는 성

55쪽 산토리니의 별
마을 꼭대기에 있는 빛나는 별은
접기 전에 오리세요.

65쪽 유리 식물원
울타리와 식물원은 각각 따로 세워야 해요.
울타리를 먼저 살짝만 세워두면 좀더 쉬울 거예요.

63쪽 종탑의 성
두 개의 원형 지붕은 사진처럼 종이를 뒤집어서
뒤에서 앞으로 밀듯 접으면 편해요.

57쪽 해가 진 성당
해가 진 성당 아래 집들의 지붕은
건물 전체를 세우듯 천천히 접어보세요.

61쪽 어느 유럽 마을
위와 아래를 나누는 선을 기준으로 반반씩 나눠서 접어요.
위에서 아래로, 아래에서 위로 차례차례 접다보면
어느새 멋진 도시가 완성될 거예요.

47쪽 겨울의 마을

53쪽 잠든 광장
울퉁불퉁한 탑은
천천히 오려 형태를 살려보세요.

69쪽 파리의 하늘
에펠탑을 오릴 때는 조금씩 구역을 나눈 뒤,
같은 방향의 선끼리 오리면 실패 확률이 낮아져요.
글자는 마지막에 오리세요.

51쪽 숲 속 호텔

뾰족한 나무 숲과 창문이 많은 호텔,
호텔 아래 있는 넓은 중앙 문을 가진 건물로
나누어 접으면 훨씬 쉽게 느껴져요.
뾰족한 나무 숲은 제일 마지막에 접는 게 좋아요.

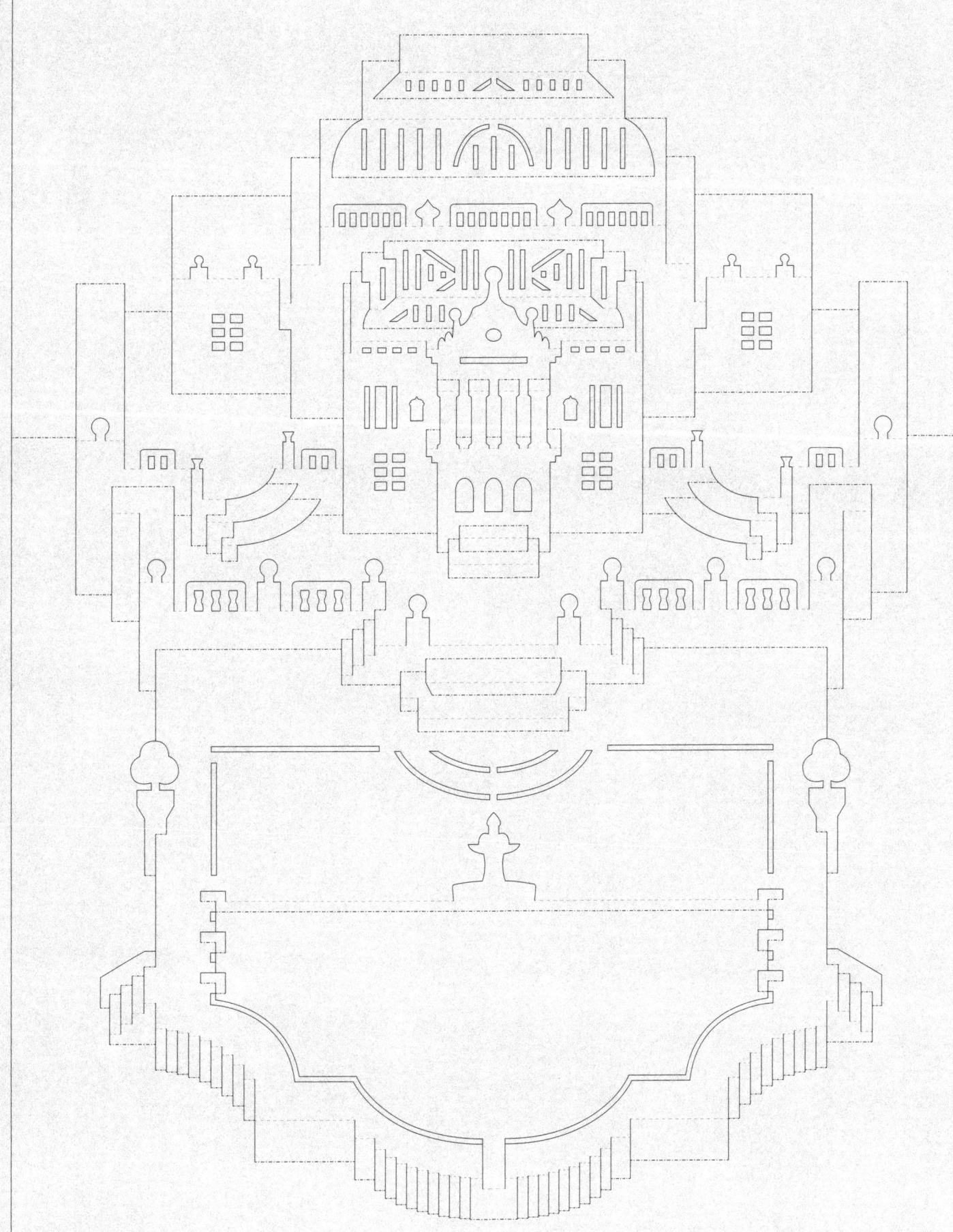

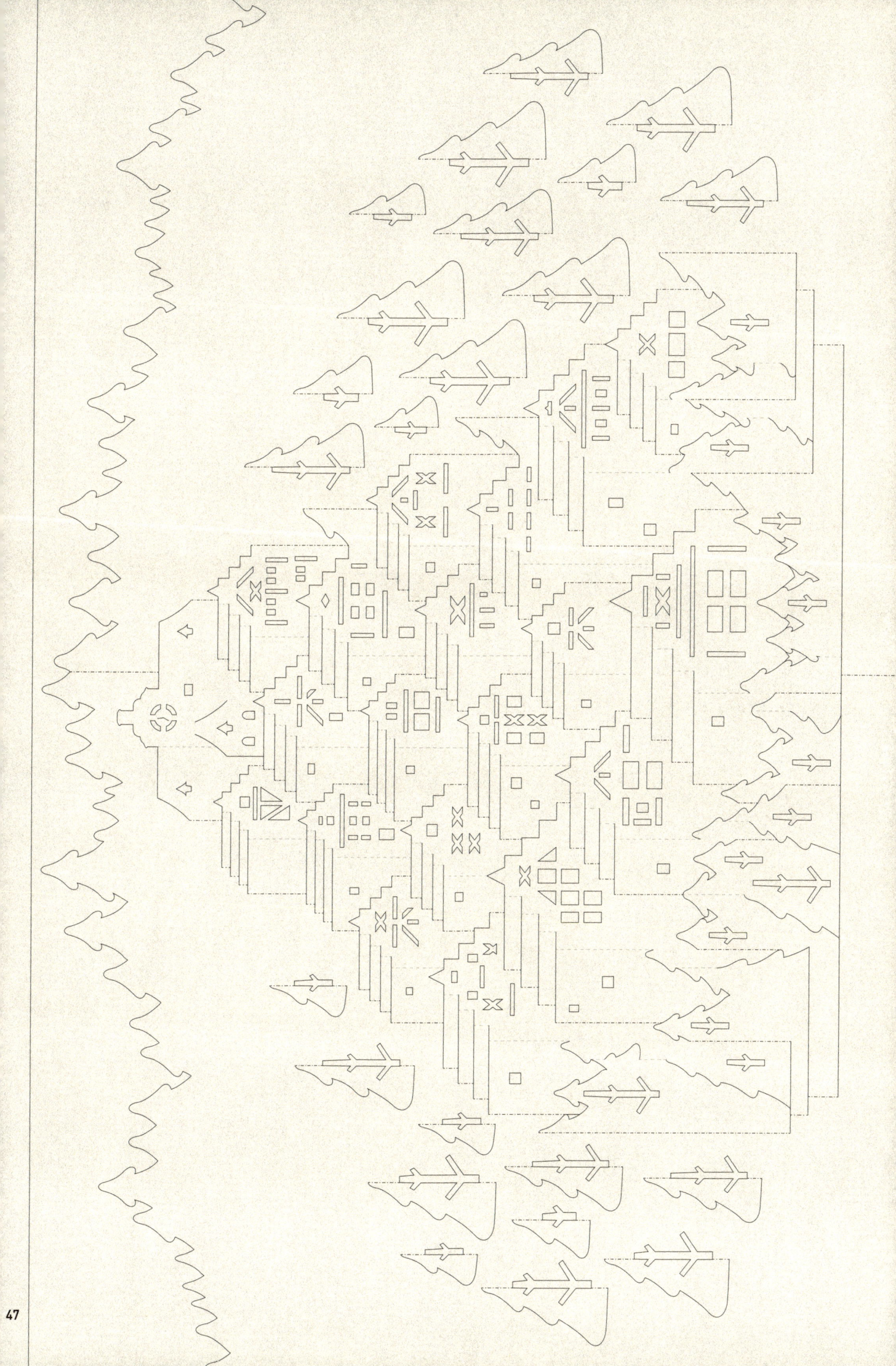

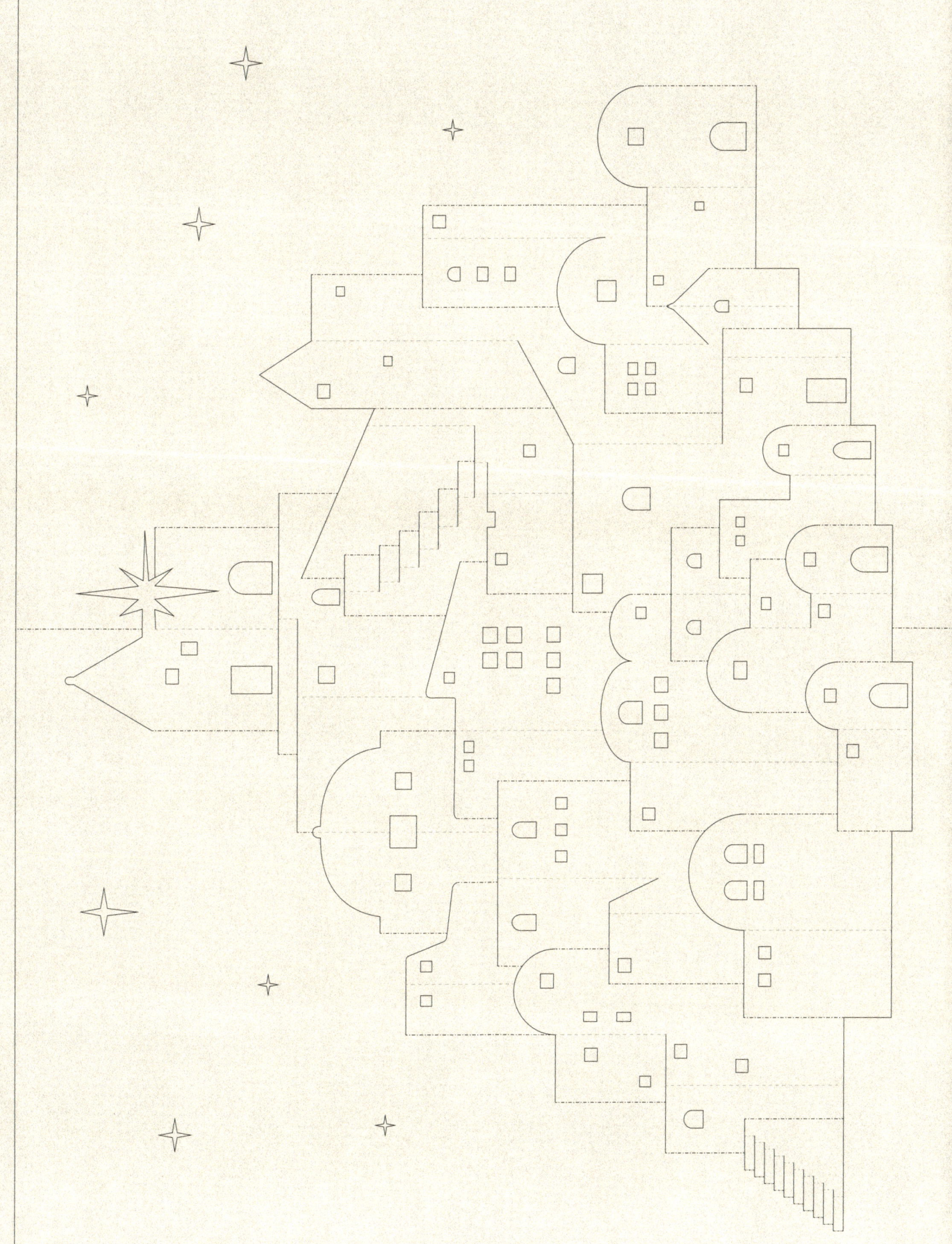

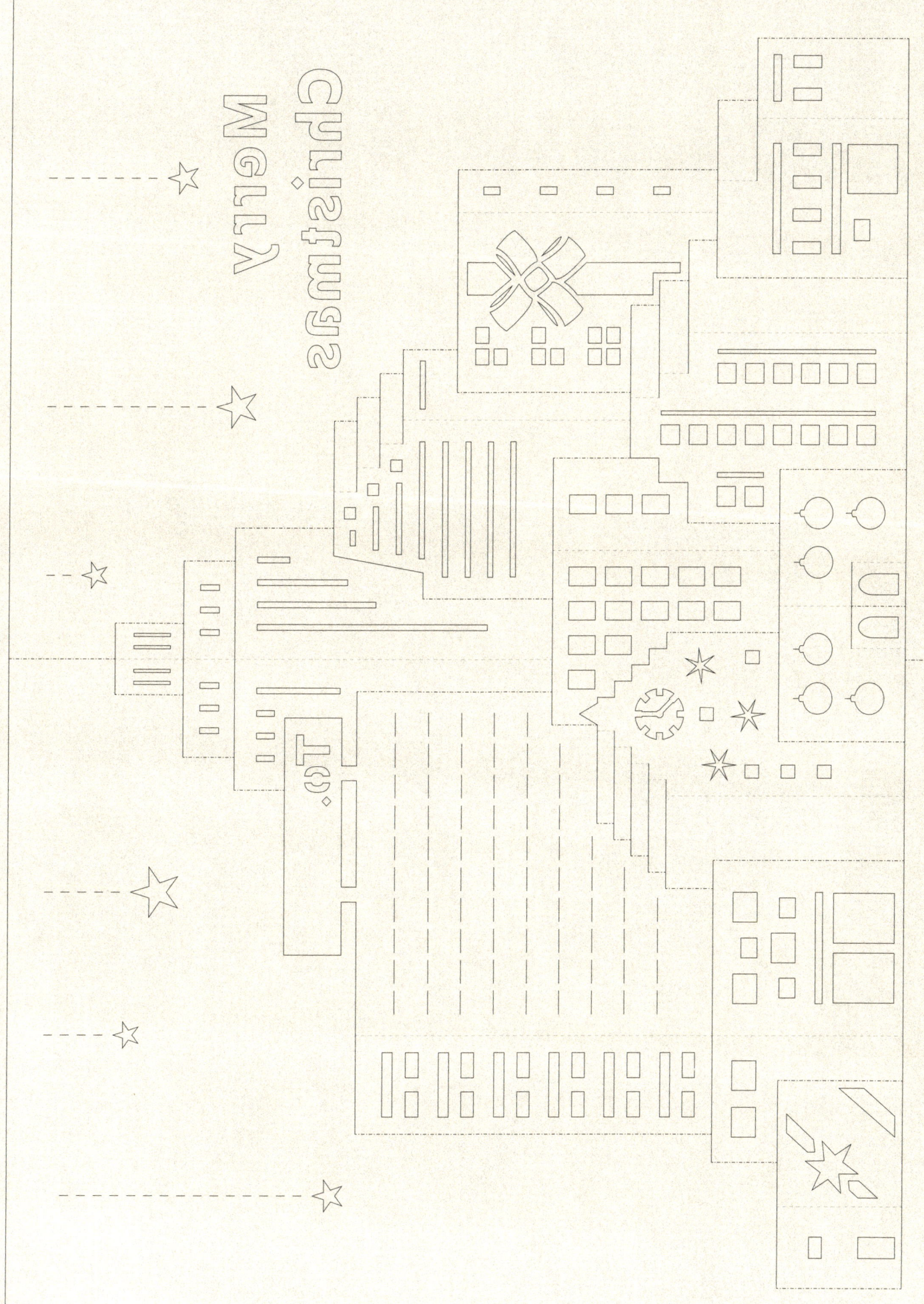

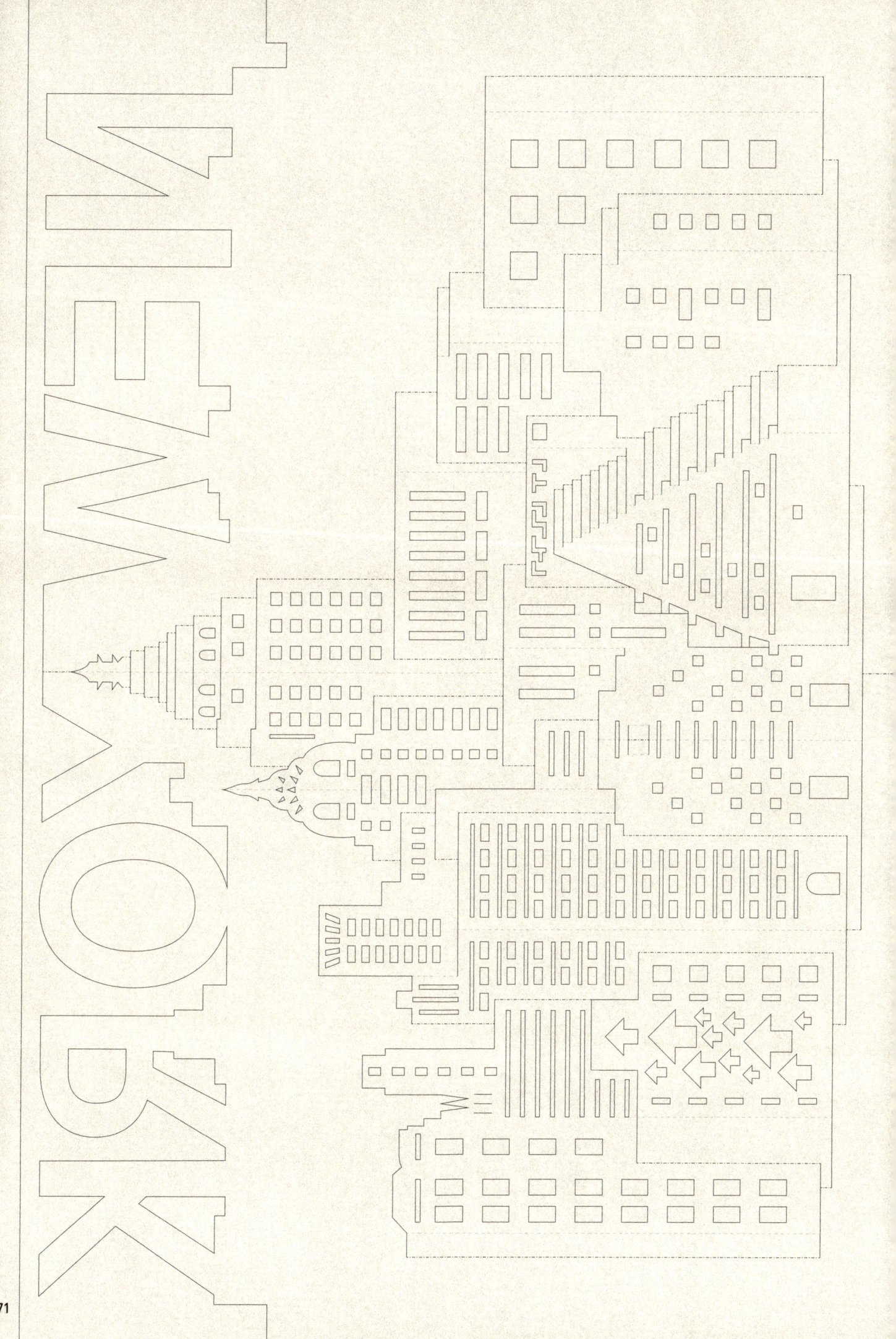